SEPINO, LE RICETTE DI QUEI TEMPI

Cristina M. Del Russo-Rucci

Prima Edizione (2019)

RUC BOOKS – Montreal, Canada

i

SEPINO, LE RICETTE DI QUEI TEMPI
(Storie, Poesie, Proverbi, Canzone, Incanti, Cucinate)

SEPINO, LE RICETTE DE CHIGLIE TEMPE
(Sturielle, Poesije, Proverbeje, Canzune, Nciarme, Cucinate)

SEPINO, LIFE'S RECIPIES
(Wisdom and Philosophy Handed Down by A Nonagenarian thru
Stories, Poems, Maxims, Songs, Charms, and Cooking)

CRISTINA M. DEL RUSSO-RUCCI

Published by:
RUC™ BOOKS
Post Office Box 20002
Montreal, QC H1H 5W5 Canada
Orders from RucBooks.com

ISBN, PDF ed.   978-1-989504-04-8
ISBN, print ed.   978-1-989504-05-5

First Printing 2019

DISCLAIMER: The purpose of this book is to educate and entertain. The author and RUC BOOKS shall have neither liability nor responsibility to any person or entity with respect to any loss or damage caused, or alleged to have been caused, directly or indirectly, by the information contained in this book. If you do not wish to be bound by the aforesaid, you may return this book to the publisher for a full refund.

INDICE

Autore

Cristina M. Del Russo-Rucci ...

è la terza figlia de Del Russo Raffaele e Vincenzo Assunta
è nata a Supine (Sepino), Compobasso, Italia
s'ha spusate Nicola Rucci a ru 1933, quande teneva 22 anne
a avute 5 figle, na femmena e 5 mascure
(la femmena, Margherita, è morta quand'eva piccola)
steva in campagna e ha lavorate forte pe cresce la famiglia
ha emigrate a ru Canada a ru 1966, quande teneva 55 anne
ha perdute ru marite a ru 1969, quande tenava 58 anne
ha dovute lavorà dente a la manifatura pe nu dolle a l'ora
s'ha fatte la casa soja col figle Marije a ru 1980
è tornata parecchie volte a Supine col figle Raffaele
è morta a Montreal, Canada, a ru 2005, e teneva 94 anne

eva na forza enorme pe la famiglia
sapeva cucinà assaje e bone
teneva na grossa famiglia e tanta parente e amice
ri vulevene tutte bene e se faceva vulé bene

Introduzione

Mia madre, Cristina Maria Del Russo-Rucci, ha avuto due vite, una a **Sepino** e una a Montreal. Ha vissuto a Sepino dalla sua nascita fino all'età di 55 anni. Nel 1966, emigrò al Canada per unirsi a suo marito, suo figlio maggiore, tre nipoti, parecchi Sepinesi e una grande comunità italiana. Ha vissuto altri 39 anni a **Montreal** fino alla sua morte nel 2005, all'età di 94 anni. Circa un anno prima di morire, ha registrato, con il mio aiuto, gli eventi significativi della sua vita a Sepino. Il risultato è stato *Sepino, A Quei Tempi*, trascritto parola per parola, attraverso la sua bella lingua madre, *ru Supinése* (una variazione del Napoletano).

Questo libretto, *Sepino, Le Ricette di Quei Tempi*, vuole mostrare che la vita di Cristina are formata dalle ricette che ha ricevuto a Sepino a quei tempi. Per ricette voglio dire *Sturielle, Poesije, Proverbeje, Canzune, Nciarme, e Cucinate*.

Mario D. Rucci, editore

vi

Supine

Dente la provincia de Campuasce (Campobasso), ce stà Supine (Sepino). Supine se trova in collina da la parte orientale de ru Matese (che fa parte de gl'Appennine), ncoppa a la pianura de ru fiume Tammere. A Supine ce stà n'abbondanza d'acqua (funtane, uallune, e ru fiume Tammere) e de lena (vusc'chetta, vosc'che, e la selva de Campeteglie). Supine è divise che tanta cuntrade: ru Cunvente, le Tre Funtane, la Chiazza, Pantane, Castegle, ru Colle, ri Campedule, la Torre, ru Pontedetaule, l'Autilia, etc.

Supine è isolate, luntane da la stazione de ru trene, ru contrareje de tant'ate paese che se trovene vicine a la stazione. La via che porta a Supine da la stazione eva a sense uniche, no sciva ncoppa, non continuava, arrivava a le Tre Funtane e se fermava. Accusì eva prima. Mó porta a Civitavecchia, etc. (Ru fatte ca no sboccava ncoppa è state na fortune durante la seconda uerra.)

La punta de ru campanile de Supine è a forma de buttiglione. Pe queste fatte, è facile a differenzià Supine de ru reste de gliate paese.

Ru Supinese
(Le regole per scrivere *ru Supinese*)

ə è **la vocale la più usata** che *ru Supinese*.
ə se trova di solito a la fine delle parole.
Per rappresentarla si usa la lettera e, come in *dòpe, quande*

Allinfuori delle consonati in use nell'italiano standard, si usa
anche la j per rappresentare **la vocale palatizzata** de ə, come
in *maje, duje*

Colle **consonanti palatizzate**, la regola è la sequente: si
mette la g davanti alle consonanti che vengono palatizzate:
n →(diventa) gn, come in *ogne, magna*
l → gl, come in *glióve, vòglie*
ch → gch, come in *gchiù, gchine*
Il problema è con *gch*. Non è d'uso. Si può usare *cc* al suo
posto. Allora, *gchiù* si può scrivere anche *cchiù*

Ci stanno **due modi di scrivere** parecchie parole:
socere o *soc're*; *socereme* o *soc'reme*
maie o *maje*; *duie* o *duje*; *assaie* o *assaje*
Ngerumarije o *Ng'rumarije*
tredice anne o *tredici'anne*
gli'amice o *gliamici*; *gli'anne* o *glianne*
non ce o **no nce**; *non facette* o *no nfacette*

Le consonanti composte, specialment all'inizio della parola:
nce, ncape, nteresse, mparà
vusc'chetta, sc'caffà

Quando il senso della parola cambia, così cambia il suono:
ru gióne vs. *ri giune*; *nu uaglióle* vs. *na uagliòla*
nu uaglióle rósse vs. *na uagliòla ròssa*
quiglie è accusì vs. *chiglie só accusì*

1. STURIELLE

Carnevale

Evene a sèje: ru re; la princepessa, la figlia; ru princepe, ru spóse; ru méteche; ru turche; e quiglie che sunava gli'urganetta.

La princepessa s'ammalatte. Non se sentiva bona. E va ru dottore. Ma, ce steva pure ru papà, ru re.

La Princepessa: *Signor dottore, me sente ammalata, me sente aggravata. Che cosa sara?*

Ru Dottore(la visitatte): *Signora mia non è niente. È malattia de poche ... Di nove mesi te pugne a lette. Quiste è ru difette. Si leverà.*

Ru Re: *Ora che mi hai fatto perdere la mia corona, te raccomande a te, turche belle, de troncà la testa a la donzella.*

La Princepessa(s'addenocchia nanze a ru re): *Perdona, perdona, mia tricia. Non so stata ì la traditrice. È state ru mii'amore che m'ha traspurtate.*

Ru Principe: *Andiamece a letto c'aveme spusate. Nuie abbracciate vogliamo godé!* (E scanzatte la spada a ru turche.)

Ru Turche: *L'anne che viene, stà festicella, sempe chiù bella l'avemma fà!*

1

Eva na bella, bella storia che facirne. Ru carnevale, l'uteme carnevale. Pe tutte le casera ivene. Ivene pe tutte le casera. Frateme e amice. Michele Vicchiareglie, quiglie eva la sposa. Peppine Saracheglie eva ru re. Frateme eva ru principe. Luigge Cemaglia eva ru turche. Ì, allora eva uagliola. Diece-dudeci'anne puteva tenè. Frateme eva giunotta. Allora isse e ri cumpagne, ivene pe tutte le casera. Une sunava gli'urganetta. Ntonie Vallera sunava gli'urganetta. Come cantavene, sunava. Ma, eva bella veramente. Belle vestute stevene tutte quante.

Michele Vicchiareglie, me uleva pura a me, quant'arrivave a diciott'anne.

Cicche Pulite

Cicche Pulite era nu mbruglione. Mbrugliava la gente. Se uleva faticà, sapeva faticà. Perciò ru ivene truà tutte la gente.

Iva une la sera e chimava, "Cicche, vó venì chemmeche a laurà?" Cicche eva chiene de pulitica. "Sì, sì! Però me tea pagà nanze." Quiglie pe ce ru fà ì, paiava.

Và navete. , "Cicche, dimane hó venì chemmeche?" "Sì! Venghe, venghe! Ha m'ha paià prima però, si no non venghe."

Diceva ca iva, iva, iva. Vedivene ca non iva la matina, ru ivene a chiamà nante a la casa. "Cicche!" "Andate via! Iere sera andava ì e stammatina andate voi!"

Che ru tempe ce ne stevene na vintina accusì. Ru mettirne ncausa. Ru chiamarne a la corte. Pecché s'era pigliate ri solde da tanta gente sanza faticà. Pensava Cicche coma teneva fà. Piglia ru funne che si fà la pasta e nu mucchie de solde.

Prima d'arrivà a la corte, iette da gliavvucate, gliavvucate che s'erene misse quiglie. Isse non se ne mettette avvocate. Faceva isse. E disse, "Stenghe troppe male vestute. Avvocà, presteme nu cotta. N'aiie manche core a la corte." L'avvocate piglia ru meglie cotta che la pelliccia ncoppa. A quiglie tempe chi te ru deve quiglie cotta!

Cicche Pulite, quante arrivatte a la corte, era nu gran galantuome. E parlavene ca isse s'era tote ri solde de quiglie. Cicche Pulite caccia ru funne da sotte a ru cotta. "Queste, Signor Giudice, non è vero. Io vi refunne!

… ru tale, ru tale. Teneva tutte scritte. Tenghe tutte scritte che no m'hanne pagate. E mó dicene c'hai pigliate pagato prima de faticà. Prima se zappa e dope se paia. Signore Giudice, è cusì?" "È cusì! Non se piglia mai pagate prima." Ru giudice deva ragione a Cicche. "Nessune te paga prima. Prima si zappe e dope si paga." E aveva ragione Cicche!

Chisse so capace de dice quelle che vonne. Tu, si capace de dice ca quiste cotte è ru toie! Tu pó dice tutte quelle che vó." "Eccome non è ru meie! Ti só date stamattina." "Ve! Ve! Signor Giudice, vide come fanne contra de me!" E ru giudice credette a Cicche e no a l'avvocate.

Scett'a coppa. Cicche vincette. Quigliate perdirne. E ri remanette pure ru cotte de gliavvocate!

Ru dette è state sempe. Si une uleva dice la buscia. "Tu si come a Cicche. Ho avè ragione tu e torte ì. Ho mbruglià la gente! Che le torte aveva ragione. La pulitica che teneva. Ce sapeva fà. Eva mbruglione.

Se chiama pure Cicche Pulitiche quiglie che la sera dice ca vè
e la matina appresse non se fà vedé.

La sera premutteve a tutte quante ca iva a faticà. La matina
na morra de gente nant'a la casa. Puteva ì che tutte quante
quiglie! E ri secutava. "Andate via! Iere sera andava ì e
stammatina andate voi."

Donn'Amalia

Dònn'Amalia. Non c'era nessuma femmene coma a
Donn'Amalia. Ricca. Serve teneva. Duie serve. Atturne a
iessa. Nteneva manche figlie. Nu cappotta de pelliccia
ncoglie. Na volpa ncoppa ru coglie. No la passava nisciune.
E se sentiva male. Non era mai cuntenta. Se iva a cunfessà a
ru prevete, "Patre, ma tenghe na croce pesante ncoppa a le
spalle. No la posse chiù!" "Ru prevete, Ma, che te
succede?" "Ah, non ce la facce chiù!" "Ma, tante pesanta
è?" facette ru prevete. "Mó, te le porte a vedé ì le cruce. Pe
vedé quale è chiù pesanta, la toia o quella de gliateve." E
iette ncoppa gliavetare. "Aveza questa!" "Ah, è pesanta!"
Arrivatte a quella de ru sacristane. Ru sacristane teneva sei,
sette figlie e n'aveva ché se magnà. E quella non se puteva
propria! Tante ch'era pesanta! Dicetta Donn'Amalia, "Ha
ragione!" Pó, a l'uteme purtatte la croce soia. "Piglia
questa!" Com'a na penna la croce soia. Leggia, leggia,
leggia. Pecché eva troppe ricca. Carna quanta ne uleva.
Quiglie non tenevene manche parrozze! Eva essa che n'era
cuntenta. Na femmena incontetabile.

E se dice, quande une n'è mai cuntente: *Tu si com'a
donn'Amalia! Non si mai cuntente!*

E se dice, quande une se lamenta troppe: *Tu si com'a donn'Amalia. La croce toia è la chiù pesanta de tutte quante!*

La Cunfessióne de ru Lupe

La storia de ru lupe, la sà?

Apprime, apprime, ru lupe truatte gl'ainéglie é ri dicette, "Me t'aiia magnà!"

"Pecché?" dicette gl'ainéglie.

"Pecché l'anne scorse, quante i vevéva, tu m'a 'ntruta l'acqua."

"Iére so nate," dicette gl'ainéglie. "Come te putéva 'ntruta l'acqua l'anne scorse?"

"Si non si state tu," dicette ru lupe. " È state partete." E se magnatte gl'ainéglie.

Dòpe, se pentètte. Pecché non èra state gl'ainéglie. É se iètta a cunfessà.

Iètta a ru cunfessóre é ri dicètte, "Patre, aiie fatte nu sbaglie. M'aiie magnate ru figlie de la pècura, ma non èra colpa soia."

Ru cunfessóre ru mettètte a scrupele. Ri dicètte, "Tu, le pècura non te la té a magnà!"

Ru lupe ri prumettètte ca non si magnava chiù le pècura. "I la pècura non me la magne chiù."

Ma, ru cunfessóre tricava.

"Preste, Patre," dicètte ru lupe. "Ca si nó passene le pècura."

La Serpa

La serpa, ri cade na preta ncoglie. Ri cadette la preta ncoglie e là alluccava, sotte a la preta. "Aiuto! Aiuto! Aiuto!" Passa nu sóce. Cumenca a scavà ru povere soce, chiane, chiane, che le zampelle, chiane, chiane, e la cacciatte da sotte a la preta. Scanzatte la preta. La fece scì fore. Appenna che scette fore, "Me t'aiia magnà!" facette la serpa. "T'aie aiutate e me tea magnà?" Vota a scappa ru soce. Teneva paura. "T'aiie aiutate me tea pure magnà?"

Allora, quante vide une cattive che stà nterra, lasceru stà là. Pecché quiglie dope dice ca tu ru ulive arrubbà. Te manna ngalea. E perciò cia pensà prima. Si t'appartiene, sì; si non t'appartiene, no.

Na vota na vecchia cadette pe terra. Nu uagliole passava. Ri dispiacette. Iette nu povere giunotta e la uleva aiutà. Quella se mettette a urlà, ca quiglie la uleva arrubbà. Ru fece ì ngalea, quiglie povere uaglióle!

La Volpa e Ru Lupe

Na volpa e ru lupe se truanne. La volpa aveva paura de ru lupe. Sanne fatte cumpare. Ru lupe battezzatte ri figlie de la volpe. Teneva duie figlie. Gabriele e Babbalucche mettette nome.

Hanne ditte tutt'edduie come tenevena fà pe magnà.
Hanne iute a na massaria addó stevene le pecura. Ce steva na
cauta pe ri cane. Hanne trasute dente e scannavene le pecura
e magnavene. La volpa era furba. De tante in tante, si iva a
mesurà sott'a la cauta pe vedé si ce capeva.
Ru lupe la ditte, "Ma, cummà! Che fà?"
E essa a ditte, "Vede si arriva ru patrone." Come sente
c'arrivava ru patrone, vrm!!! se ne scappatte.
Ru lupe durmiva a scialacore. Ru patrone arrivatte e ru
daglieva che ru pale. Ru lupe se vendicatte e pe quesse ru
patrone de le pecura no r'accedette. Ru lupe se ne fuiette ma
teneva na cossa rotta.
La volpa, come vedette arrivà ru lupe, se mena nterra. E
dicette, "Cumpà! Quante me n'ha date!"
Ru lupe dicette, "Cummà! Mittete ncogli'ammé!"
"Torlintana, torlintana! Gli'osse rutte porta ru sane!"
"Cummà, cos'è?"
"O cumpà! Vaneje pe tanta frève."
"Cumma, ma purtà a casta."
La volpa teneva tutte le saraghe appese.
"Cumma, non pozze scì. Tenghe la cossa rotta."
Ru lupe se fenette le saraghe. Passene nu pare de jurne e
ru lupe se magnatte a Gabriele. Passene n'ate pare de jurne e
se magnette a Babbalucche.
Nu pezze de cascie dent'a ru puzze.
La volpa dicette, "Non tenghe cere. Ci'ha ì tu!"
Ru mettette dent'a ru sicchie.
"Caca Gabriele e Babbalucche!
E r'affucatte.

Ome Cuntente

Ce steva une. Ce steva n'ome na vota. Era sempe cuntente.
Votta a fà notte. Votta a fà iurne. E mena dent'a stà panza.

7

Core cuntente e la vesaccia ncoglie. Ive pe la lemosina. E steva sempe cuntente.

Nu Natale sciette. E iva cantanne pe nanza a le casera. *Ogge è Sante Natale e Sante Giuste. La nasceta de ru Signore Gesù Criste. Si avessa fà n'ate Natale come a quiste. Oglie fà cent'anne de frusta e nó nu Natale come a quiste.* Nisciune ri rapiva la porta. La Vigilia de Natale assura. Iva tuzzelerianne le porte. Nisciune ri rapiva la porta. Se dispiaceva.

Ru cafone e ru Moneche

Une steva ncoppa n'arbere. Tagliava nu rame. Allora, se mettette a cavaglie de ru rame e ru tagliava. Quiglie aveva cadì nterra. Taglie quà. Te mitte quà. Per forza và a cadì nterra doppe.

Allora, passatte nu moneche, "Ecché fà loche? Tu và nterra! Te fà male!" Fenette de taglià e iette nterra. Ru rame e pur'isse. Cadette. "Come capisce ru moneche! Quiste sà pure quante more!" Ri corre appresse. "Zi mò, tu capisce troppe. Ma dice quante me more." Ru moneche è despettuse. "A le tre peveta de ru ciucce te ne parte," facette ru moneche.

Ru ciucce pe la muntagna ammonte faceva peveta. Allora, carche iva, a le camammonte iva. Pó! Pó! Avette paura quiglie. Credeva a ru moneche. Quelle che diceva ru moneche, credeva tutte. Taglia nu turceture e ru zacca ncure a ru ciucce. Pe la muntagne ammonte, tanta forza facette ru ciucce, esce quiglie turceture e ri và mpronta e cade longhe, longhe nterra. "Veramente, ru moneche capisce. Nate poche me muriva." Nate poche se muriva, tante ch'era fessa!

8

Ru chiù forte

Ce stevene nu patre e na mamma. E tenevene nu criature.
Ma, era piccule, piccule. Ru patre e la mamma tenevene
faticà, si no come facevene. E se ne irne a la campagna, a
fatigà. Allora a quiglie tempe, se truavene ri briante. Irne là.
Ra cedirne tuttedduie. Ru patre e la mamma. Questa criatura
steva che la vecchia, si no l'accedevene pur'isse. Allora,
quiste criature se criscette che quella vichiarella. Ma, a nu
poste malamente. Non era nu poste bone. No ru puteva
mannà a scola, pecché eva luntane assai. Stevene denta la
furesta. Ru criature, no ru fù battezzate. Remanette senza
battezzà, pecché la vecchia, l'aiutava, ma, era luntana da
donta steva ru paese. E accusì se criscé. Se fecette rosse.
Arrivatte a na quinecina d'anne. Era inteligente, ma non
teneva scola, non teneva niente, pecchè non c'eva iute.
Come ce iva? La vecchia, se murì dope. Remanette sule,
sule. Dent'a quella casarella.

E, allora, quiglie gione pensava sempe, "Sule, sule non pozze
stà. Ì me ne tenga ì che ru chiù forte del mondo. Quiglie
ch'è chiù forte." E pensava, "Chi è ru chiù forte? Ru diaule
è ru chiù forte! Chiù forte de tutte." E, allora, dicette a ri
diaule, "Ì me ne voglie venì che vuie." Allora, ru diaule
accunsentette. Se ne iette meza a ri diaule. Ri diaule ivene
fuienne. E camminavene, camminavene, camminavene. Mó,
arrivene a na parte e trovene nu pagliare. Ri diaule trasinne
dent'a quiglie pagliare. Dent'a quiglie pagliare ce steva la
croce de Gesù. Come vederne la croce de Gesù, avirne paura
e se ne utanne a scappà. Se ne scapparne. Ru uagliole non se
n'è iute chiù che lore. Remanette là. Pensatte, "Non so
quiglie ri chiù forte! Hanne aute paura. Se ne só scappate.

9

Quiste è chiù forte!" E se stette che la croce de Gesù. Era senza battezzà. Dope, Gesù ru fece battezzà.

Ru Nide de Gliauceglie

La curnacchia se ru fà ncoppa la muntagna, addó non ce và nisciune.

La pica se ru fà ncoppa a ru chiuppe, a ru chiù avete che è.

Ru store se ru fà dent'a le massarie vecchie, addó non ce stà mai nisciune. E pure la ciuetta.

La merla se ru fà dente nu rosse frattone, quante chiù rosse è, che no la vede nisciune.

Ru passere se ru fà dent'a la buca de le casera d'abitazione. Addó ce stà ru buche, se ru vaffà.

La rentinella se ru fà ncoppa ru cannalone de le casera.

La luppica se ru fà vicine a nu rame d'arbere, appise, come a nu panare.

Gli'utriceglie se ru fà che la creta, pure vicine a gliarbere. È piccule, piccule.

La castrella se ru fà dent'a na fratta qualunque. Quiglie ru trove chiussai.

La quagliera se ru fà nterra, denta le rane, denta la restoccia.

Ru nide du ru pettirosse non se ne trova mai, pecché Gesù ri disse ca non aveva vé delure de figlie. Ru chiù delore forte è

de ri figlie. E non se ne trova veramente. È la verità. Nuie stavame enta arbere, fratte, tutte cose. Maie, maie, maie. Ru vedive. Se faceva vedé. Ma, nide non ne truave maie. È vere ca non se ne trovene. 250
Chissate sì, tutte quante. Tutte quissate auceglie, se truava tutte ru nide. Ma quiglie là no.

Ru pettirosse vedeva soffrì a Gesù ca ri ficcarna la corona de spine ncape. Allora, gliauceglie ri dispiaceva. E ri tiratte tutte quelle spine da dente ru cape a Gesù. Stevene ficcate dente ru cape. E le sanghe ri sciva e iette ncoppa ru pette du ru pettirosse. Perciò tè tutte ru pette ruscie, rosso. E Gesù ri disse, "Non puzz'avé maie dulore de figlie!" Ca ru dulore de figlie è ru chiù forte.

Ru Povere Che Diventatte Ricche

Une era povere, povere.
E teneva la zappa de ligname.
E pregava a Gesù ca vuleva la zappa d'acciaie.
Gesù ra fatte comprà la zappa d'acciaie.
E pó ra fatte fà pure la casa pecché uadagnava bone.
Ri solde ri teneva pecché Gesù r'aveva aiutate.

Iette da ru prevete.
Se iette a cunfessà.
E dicette, "Patre, ì nonsó cuntente."
"E che ate vó? Ché te manca?"
"Urria fà uerra che Criste."
"Brutte assassine!
Zappa n'ata vota che la zappa de ligname!"

Ri facette perde tutte quelle che teneva.

11

Ru Tesore de la Utilia

Ru tesore de la Utilia. Queste tesore ce stà ancora. Ce stà na porta, l'hai vista purì, rossa, rossa, rissa. E là, dicica, ce stà na scala pe ì sotte. Ma non ce pó ì nisciune.

Une ch'era istruite. Come si puteva fà pe ì a tolle ru tesore. Erane azzardate a tante gente, erene azzardate. Non se pò ì là. Me l'hanne fatte vedé pure a me, quante haie iute a la Utilia, a dó stà ru tesore. Ce stà na rossa porta. Là stà la scala.

Pó, hanne liggiute ncoppa a ru libbre, une ch'era ben'istruite. E ha ditte ca ce se puteve ì a tolle ru tesore, ri gioielle che ce stevene. Però, avevena accite nu cumpare, nu cumpare de fonta, ch'era battezzate. R'avevena dà l'anima. E perchiò putevene calà sotte doppe. Evevena dà prime n'anima e doppe putevene ì a tolle ru tesore.

Quiste quà, traditore, è iute da ru cumpare. E ha ditte, "Cumpà! Ce stà nu tesore. Ce puteme ì. Pecché ema murì povere! Puteme esse ricche." Quigliate che liggeva ru libbre era une forte. Dice, "Ha tre ce iame." E irne là tuttetre. Mó, a Zi Mariangele ru facirne mette nanze. Ca quiglie aveva calà sotte prima. E ri disse ru cumpare, "Oi, cumpà, non te fà venì nisciune sante ncore." Allora, quiste povere chestiane, quante s'è affacciate sotte, hanne raperta la porta, ha viste tutte ri diaule che le forche mane. Ha viste tutte ri serpente. Avette paura. E, allora, ri'ette Sant'Antonie ncore. Chiamatte Sant'Antonie ncore, "Sant'Antonie, libreme!" Zi Mariangele se truatte ngoppa a ru canceglie soie, a cavaglie a ru canceglie, che na cossa rotta. Quigliat'edduie non si truanne pe niente. Non se truanne chiù quiglie là.

Zi Mariangele, pecché Sant'Antonie l'era liberate, facette
venì na statua, addó steva Nicola Saracheglie, la statua de
Sant'Antonie. Zi Mariangele steva dent'a quella casarella. A
quiglie tempe, tenevene na piccula casarella. Là steva Zi
Mariangele. A quella casarella. Dope, ha cagnate la casa Zi
Mariangele. Se n'è iute a la via nova, vicine a dó steva Petre
d'Orazie, a dó faticava. Là steva dope Zi Mariangele. Ha
fatte menì nata statua. E ce stà! Ce stà la statua de
Sant'Antonie là. Zi Mariangele la fatta venì, pecché la
liberate. L'accedevene che nu pugnale, ru cumpare. Ru
cumpare l'accedeva.

È verità. Me l'ha raccuntata Za Carmena Magliere a me.

San Pietre

San Pietre era ru chiù brave de tutte quante gli'apostere.
Uleva bene a Gesù tropp'assaie.

Gesù ri disse, "Pigliateve na preta e iamecenne a la
muntagna. San Pietre se pigliatte na petruccia accusì,
piccula, piccula. Chigliate se pigliarne quella che putevene.
Quante hanne arrivate a la muntagna, Gesù ha fatte la croce e
quelle prete só diventate a pane. E, quiglie, era troppe poche,
le soie, San Pietre. Diceva a quigliate, "Dammene nu
poche!" "Ognune se magna le soie!" dicette Gesù.

Nate vota, Gesù dicette, "Pietre, esce! Vide che fanne la
gente." Scette San Pietre. Sempe a San Pietre chiamava
Gesù. Ru uleva bene a San Pietre Gesù. "Vide che fanne la
gente. Famme sapé caccosa. Esce!" E scì. "Maestre,
piangene tutte quante." "No, non è bone." Scette nata vota.
"Maestre, ridene tutte quante." "No, no, no." Iette la terza
vota. "Maestre, chi piange e chi rite." "Mó è bone!"

San Pietre, ri iette ulie de ru presutte. Teneva fama. Aveva
desiderie de presutte. Giratte e arrubbatte nu presutte. E ru
purtatte a Gesù. Gesù no uleva. No uleva ca isse arrubbava
ru presutte. "Portaciglie arrete!" dicette vicine a San Pietre.
"No, no! Me dagliene! Ca iaiie arrubbate ru presutte. Ianne
purtate. Mica ru pozze purtà arrete. Quiglie me menene." E,
allora, ru spartì. Ru spartì. Evene a tridice. Allora, fà le
parte. A San Pietre no ri sciette niente. Tutte le parte che
facette. A l'uteme no ri sciette manche na parte pe San
Pietre. "San Pietre," disse Gesù. "Non c'è sciuta la parte
toia." Ri dispiaceva a San Pietre. Vicine a quiglie,
"Detemenne nu poche!" Ma, Gesù diceva, "Ognune se
magne le soie!" Gesù non ce ru facette pruà. Pe ru castigà.
Eccusì sa fà vicine a ri figlie.

Dope, disse Gesù, "Ce nema ì a la muntagna. Pigliateve na
preta, na preta pedù. E la purtate a la muntagna." Quigliate
pigliarne tutte na preta che putevene. San Pietre se fece aiutà
che na rossa preta ncoppa le spalle. Tante ch'era rossa.
Nonce la faceva a pesalla isse da sule. Arrivarne ncoppa la
muntagna. Disse Gesù, "Assettatevecce ncoppa!" San Pietre
teneva fama. "M'hai tante sderrinate a purtà queste preta!"
Queste are ru castighe che Gesù ri deve.

E, San Pietre remaneva male. Tutte quelle che faceva non
faceva bone.

Soprannòme

Andréa *Scialóne*!
Na vòta ce stéva une. Se chiamava Andréa.
Védde glèlene per gliarbr'ammonte.
Dicètte, "Gliaiia ì a coglie!"

14

Passe une, "André, ché fà?"
"Aia ì a còglie glèlene."
"E damménne nu póche!"
"E pigliatiglie!"
Passa n'avete.
"André, damménne nu póche pure a mé! Tènghe na caprétta."
Passatte nu tèrze.
"André, damménne nu póche. Tènghe na capruccia."
"Pigliatiglie!"
"Scialóne," dicètte quiglie. "Scialóne a date tutte glièlene a tutte la gènte.
Andréa, ru scialóne."
Non si luatte mai chiù!
Andréa *Scialóne*! Andréa *Scialóne*!

Scaringele!
Une dicètte a così,
"Mó, i avria ì 'còppa a lu chiuppe.
Còme ce vaiie?"
"Mó ce vaiie ì!" dicètte nate.
É vòta a scappà.
Tippe tappe! Tippe tappe!
É salle 'ncòppa.
É allóra, cóme a fatte quiste pe sallì a cusì?
"Pare nu scaringele!
È sallute accusì préste 'ncoppa a ru chiuppe."
Scaringele! *Scaringele*!
'Nse luatte mai, Scaringele!

Viola e ri prevete
(Na storia vera)

15

Za Viola r'è morte ru marite. Se chiamava Nicola. E chiagneva, *Nicola! Nicola! Non chiame chiù a Viola!* Dope, arrive ri prevete. Se ra evene ì a piglià. Ru tenevene ì a purtà a chiesa. Pe le scale ammonte ce stevene le calline. Ne prevete piglia na callina. No la fece cantà la callina. Se la ficca sotte la cotta. E cantava ru prevete. Za Viola cantava da na via e quiglie cantava da naveta. Quigliavete prevete eveva risponne. Pecché erene tutedduie. *No voglia Corpi Domine! Se vedene zampe e penne!* Se utatte quigliate, *Ha fatte bone ca parlate in francia! Ca so cafune e no le ntennene.* E si ficcatte la callina sotte a cotta. L'accunciatte. No la face vedé chiù. Ri scivene ri pete e ri scivene pure le penne. E za Viola cantava, Nicola mea, Nicola, non chiame chiù a Viola. Na vota m'accattatte nu pezze de sapone e, zunghe, zunghe, non faceva ianche! E la gente ritevene invece de chiagne.

Za Viola e ru marite Nicola stevene a ru Colle.

A quiglie tempe, la callina era male magnà, era difficile. *E ì mó aiie venute pe senza niente?* Accusì, quante iette a la casa, facette spennà la callina a la serva.

Zi Francische l'ambasciatore

Zi Francische faceva l'ambasciatore. Allora, quiste giunotta dicette, "Zì Francì, ì me voglie spusà." "Ma, chi te vó piglià?" facette zí Francische. "Si te la piglie piccerella, l'ha perde denta la folla. Và ru vente e se porterà. Si te la piglie tante rossa, quella è bona pe coglie fighe. Bona non sarà. Se te la piglie tante brutta, te le sente dice da tutte, 'Stà scorpia t'ha pigliate e chi diaule t'ha cecate!' Si te la piglie troppe bella, ra mette la sentinella. Se dente la lascerai, le corna te metterà!" "Chi m'haia piglià?" "Chi se sposa se

16

mette a ri uaie," dicette zì Francische. "La catena se la mette a ru pete. È meglie cent'anne de galera, nó su uaie a passà! Facete come a mé senza mugliere. Passa verne e vè l'estate. Lassa una e ne piglie nata. Facete come a mé!"

Allora, zì Francische ch'era ru mbasciatore. Eva sempe isse che faceva le masciate a ri uagliule. Stù giovinotte se uleva spusà. "Zì Francí, me ulia piglia la tale." E ce iame cacche sera e vedeme che te dice." A quiglie tempe, prima erene ri genitore e dope la figlia. Non se pigliava nisciune, la uagliola, senza ri genitore. Irne là! (E se faceve ru bicchiere de vine.) "Zì Pasquà, quiste giunotte vò a tua figlia," facette zì Francische. "Ma, pussede caccosa or nò?" "Eh, zì Pasquà! Tutte quelle che vide è tutte robba soia!" "È ricche?" "È ricche, ricche, ricche. Tè palazze. Tè tutte. È cose da pazze!" "Bene! Bene!" facette zì Pasquale. La figlia adduserava. Ri piaceva ru uagliole. A ru uagliole ri scappatte nu poche de tosse. "Tè pure na tussetella?" dicette zì Pasquale. "Tussetella?" facette zì Francische. "Quisse è fracete ncorpe!" "È fracete ncorpe e ru vó dà a figliema!" facette zì Pasquale. "Vattenne da quà, tu e isse. E non turnà mai chiù!"

Zì Francische s'era impriacate. Continuatte a vantà e a esagerà ncoppa a quiglie povere uagliole.

2. POESIJE

Cicirinella

Cicirinella teneva nu cane
Iva appresse a ri chestiane
Iva appresse a le femmene belle
Quiste è ru cane de Cicirenella.

Nduvineglie

Trenta-duie cavaglie ianche
é une ruche méze
ména cavice a tutte quante.
Adduina ché è!

- Ri dénte é la lénga.

Lónghe, lónghe pènne.
Niróne ce s'appènne.
Le rushe ri vatte 'ncure.
Adduina ché è!

- La caténa, ru cavedare, é ru fóche.

I vènghe da Milane.
Ru pòrte sèmpe mane.
Arrive da la spósa.
Ru ficche dénte la pelósa.

Adduina ché è!

- Ru pèttene.

Pasquale

Na vòta ce stéva Pasquale
é i a l'Amèrica, Pasquale
Vedètte ca ru lavóre èra tróppe péricólóse
Turnatte arrète, nata vòte a l'Italia
Arrivatte a la casa, la famiglia,
Peché si venute?
Èra tróppe péricólóse
Teneva la cucina a mure mórte
Che ru mure sènza ceménte

Il signoré Pasqualé Curióle
Tòrte mustaccie é 'ntiéra la scialla
Ru iurne se ne iva a la Svizzera
É se purtava sèmpe ru fucile
Zappava a vigna
Tementéva a ru cannite
Sparatte a ru vicce
Cugliètte a ru cacacce.

Ru Ciucce

Quant'è nata muglierema,
chiagnive iuste n'ora.
Mó che m'è morte ru ciucce,
aie chiante iuste n'anne.
Ciucce belle de stu core,

20

chi de té se ne vò scurdà!
Quante ru carcave,
me pareva nu bastimente.
Eva nu ciucce veramente,
ma chi se ne vò scurdà.

Sant'Antoneje

Sant'Antoneje predicava
Che gli'angele parlava
Da le parole se n'è accorte
Tuo padre va a la morte
Sant'Antoneje cerca licenza
De putè se repusà
Cinque cente miglia fà
A Lisbona a arrivà
N'appena ch'arriva
La pietra de sepoltura sa alzà
Io col morto voglio parlà
Morto, dimme la verità
Si quiste vecchie t'ammazzate?
Patre, te diche la verità
Quisse vecchie non è state
Chi m'è venute a morturà
Dije ru pozza perdunà
Patre, me voglie confessà
Na scummunica che tenghe
So ru prime du Sante Regne
Sant'Antoneje è returnate
Scusate, popele mije se haje tricate
Duje anime da la morte haje liberate.

Sant'Antoneje, giglie e giconda,
E nummenate da tutt'il monde

21

Chi ru t'è p'avvucate
Da Sant'Antoneje sarà ajutate

Sant'Antoneje mio diletto,
Quà t'adore e quà t'aspette
T'aspette a queste piane
Che my giglie d'ore mmane
Ru giglie è tutt'ore
Che nu fuste temme ncore
Ru core e la mente
Ru Santissime Sacramente
Aiuta a quelle donne parturenne.

L'amore Vicina

È bella l'amore vicina.
Si nó la vide, la sente parlà.
La sente quante chiama le calline.
Cutù! Cutelle miie! Venitevelle a mangià.
Mamma! Mamma! Cantene le calline.
Ce manca ru meglie capone,
ru capurale de ru battaglione.

Vecchie Guidone

Vecchie Guidone e padre de famiglia
Scoltate i miei consiglie!
Quante era vive mio padre
Quante s'appicciava ru foche
Ce ne tiravame indietre, indietre
Mó ch'è morte mio padre
Quante s'appiccia ru foche

Ce faceme davante, davante

Versi Diversi

Occhie nire, capelle bionde,
Non ce ne stanne chiù belle al monde.

Pasquale spacca a me
e ì non pozze spaccà a Pasquale.
[Sciogli-lingua]

Picchia, picchia sta purticella
Ngiulina bella vemme a rapì!
Che ne mane rape la porta
Nata mane m'abbracce a me!

Che hai tu Mariuccia,
che stai appassionata?
Nu dulore de testa,
pensere de nnammurate?

(Nu muzzetta de fasciore
pe nu tumbere de rane.)

La strade de Roma
stà fatta a barchetta
Nó laria, nó stretta,
se pò viaggià.

Zi Tummase

Zi Tummase teneva nu ciucce

Iva a Napule pe cappucce
(Ru caricatte pesante
E chiagneva vicine a ru ciucce)
Ciucce belle su core
Susse preste pe carità
(La gente hanne iute)
Chi ru tirava pe la cota
Chi ru tirave pe la capezza
Zi Tummase pe l'allegrezza
Vede ru ciucce camminà

Senza Pane e Senza Luce

É Duce! É Duce!
Ru iurne sènza pane,
é la nòtte sènza luce.

Ngiulina

Picchia, picchia stà purticella
Ngiulina bella venne a rapì
Che na mane rape la porta
Nata mane m'abbracce a me

Mariuccia

Che hai tu **Mariuccia**?
Che stai appassionata?
Nu dulore de testa?
Pensére de nammurate?

3. PROVERBEJE/DETTE

Dije, Gésù, Sante

Dicene salve (**Dije** ce ne salva) de ricche appezzentute.
Dicene salve de povere arreccute.

Dije no vatte, no che la mazza, no che pertica.
Vatte che na mazzarella d'ammage(cotton ball).

Gesù disse a ru pettirosse,
"Non puzze avé maje dulore de figlie!"
(Pecché ru dulore de figlie è ru chiù pessente che ce stà.)

Gésu dice:
Dicene salva, signeliate meie!
I ri castighe da coppa
e vuie uardateve (da) sotte.

La casa toja è la casa de ru bon **Gesù**.
Chi ce trase non esce chiù!
(Diceva socrema de mé.)

A no esse cuntente non è bone
ringrazia tutte le mattine e tutte ri jurne a **Gesù**

Santa Chiara, dope che l'arrubbarne,
fece le porte de ferre.
(Per esempie: Ha pisciate prima ru cane,
e dope la cacciate fore.)

Sant'Antoneje fà tridice razie.
Sante Mangióne ne fà quattòrdece.

Chestiane

Pe fotte a **Ceménte**,
ce vò nu grande sentimente.

Cicchepavele Picceriglie
a zumpate come a nu riglie.
Cicchepavele Tante Rosse
n'è state capace a zumpà ru fosse.

Pasquale spacca a mé
E non pozze spaccà a Pasquale
[sciogli-lingua]

Mamma e Patre

La **mamma** e ru **patre** só capace de campà a cente figlie;
ma, cente **figlie** non só capace a campà na mamma e nu patre.

La **mamma** e ru **patre**,
a ri figlie cunsiglie ri ponne dà;
ma la sorte non ce la ponne truà.

Ru spassa tempe de **mamma**
e ru ncrepa-ncore de **tata**.
(Quante nasce nu criature.)

Quessa fà com'a la **mamma** de San Piétre,
"Sule ì Mparadise!"

La crapa che và a la vigna:

26

com'a la **mamma** c'esce la figlia.

Puttana **mamma** e **figlia**;
n'aveme che ce fà.

Marite

Mogliere e **marite**,
Non ce mette ru dite.

Ri chiacchiere de **marite** e mugliere
Durene da la matine a la sera.

Tu **marite** me sì.
I mugliere te songhe.
Tu daglie. E i donghe.

Marite e figlie,
Dije te ri manna
E Dije se ri piglia

Marite e figlie,
Come Dije te ri manna,
Te ri piglie.

Chi/Quigle

Chi crede a ommene,
malanne compra

Chi non è de mesura,
a ru diaule mette paura.

Chi risparmia,
sprega.

Chi prattica piglia
e chi prenotta cunsiglia.

Chi se pogne
esce fore.

Chi è bella
non è tutta puverella.

Chi cumanda
fà la legge.

Chi se mbaccia
se mbiccia.

Chi v'è dente casta,
o vè pe t'accite,
o vè pe t'arrubà,
o vè pe te mette le corna.

Chi sposa a n'ate paese, veve a ru fiasche.
Chi sposa ente ru paese, veve a la buttiglia.
Chi sposa a ru vicinate, veve a ru bicchiere. (ri canusce)

Chi pietà non ha,
pietà non trova.

Chi fà come r'hanne fatte
non è chiamate matte.

Chi prattica che ru cioppe,
dope de n'anne, è cioppe e ceche.

Chi che ri nganne và,
che ri nganne resta.

Chi non tè forza,
opera ngegne. (inventa nu mezze)

Chi pietà non ha,
pietà non trova.

Chi bene fà,
bene trova.

Chi t'è fronta, se marita;
chi nó, resta zita.

Chi non sparagna
da ru cape fine a ru pete,
non se ne vede mai bene.

chi uadagna,
sprega

Chi 'ó vive in pace,
osserva e tace.

Chi nante e chi arrete
e se mete.

Chi lavora
aspetta premeje.

Chi da ru lavore non se sbaventa
che la fama non ci'apparenta.

Chi ha cumpassione de la carne de gliate,

La soja se la magnene ri cane.

Chi non sparagna da ru cape a ru pete,
Non se ne vede maje bene.

Chi non pensa ogge pe dimane,
Arriva nu jurne che se more de fama.

Chi de le robbe se nfosc'ca,
Ha pe mete rane e mete josc'ca[ri oglie].

Chi ho vive in pace
Osserva e tace

Chi nante e chi arrète
E si mète

chi lavora
aspetta prèmeje

chi da ru lavore non se sbaventa,
che la fama non ci'apparenta

chi a cumpassione de la carne de gliate
la soja se la magnene ri cane

chi non pensa ogge pe dimane
arriva nu jurne che se more de fama

chi de le robbe se nfòsc'ca
ha pe mete rane e mete josc'ca (oglie)

Chi va a casa de muglière
Va a casa de galère

Dimme che chi contratte,

ca te diche de ché se tratta.

Dimme a chi si figlie,
ca te diche a chi t'assumiglie.

Non serve ca t'allisce e ca te strusce,
chi è bella cià da nasce.

Quiglie c'arrubbatte la callina iette dente.
Quiglie c'arrubbatte ri meliune, nò!

Quiglie se taglia ru dite
A quiglie fà male

Mittete che **quiglie** ch'è meglie de te
e farri le spese.

Parte de ru Córpe

Votta a fà notte, votta a fà iurne,
e mena denta stà **panza**.

Core cuntente
e vesaccia ncoglie.

Occhie nire **capelle** bionde
Non ce ne stanne chiù belle al mondo

La robba vè da le **vraccia**
chi la vò, se la faccia

Fatte la scarpa
come te fa ru **pète**

Animale

Gli'occhie de ru patrone
ngrassene ru **cavaglie**.

A ru **cavaglie** stanche
Va la **mosca**

Ru **ciucce** porta la paglia;
ru **ciucce** se la magna.

Vuleme mparà a ri **ciucce** a ballà
tutte de colpe mó?

Francesca iva a cavaglie a ru **ciucce**
e chiagneva ch'era perse ru ciucce.

Quiglie che purtava ru **ciucce** dicette,
"Piano, Ciccio, ca la via è petrosa!"

Ru **lupe**, ogne carna, se la magna.
La soia, se la lecca.

Ru **lupe** non tè **pecura**,
ma se va a venne la lana.
(Le pecura só tutte le soie.)

Le **pecura** che stanne nsieme
s'hanna tuzzà

La **pecura** pe giustizia
e **gliajene** pe disgrazia.
(quande arriva la morte)

Ru **cane** cotte
ha paura de l'acqua fredda.

Porta nchiane
Porce e **cane**

Quante ru **uatte** non ciarriva,
v'è de rancete.

Figlie de **uatte**
angappa **suce**

Ru **uatte** che stà usate a ru lucigne
non se cura si se còce l'ogna.

Quante sciocca a pile de **uatte**,
palma quatte.
e male a dó temente.

Na femmena e na **papera**
mettinne arróte a Napule.

Ri **pucine** vonne mette abbeve
a le **papere**.

Spara a **vicce**
E coglie a ru cacacce

La **ciuetta**,
viate a dó canta

La **quagliera**,
Dent'a quelle de quiglie faceva, "Saccura! Saccura!"
Dent'a le meje faceva, "Celemozze! Celemozze!"

Farfallina bella e bianca

Vola, vola e maje se stanca.
Gira da quà, gira da là,
La farfallina non se vò mpuntà.

Natura

Sotte a **aqua** e sotte a **vente**
Sotte la noce de Benevente (Le janare)

Aqua sota (chiane, chiane)
affoca gente.

L'acqua a la funtana;
le **vine** a la buttiglia.

L'acqua và a ru mare.
A la votte và le **vine**.

Acqua sola
affoca gente

Zappa a la **vigna**
E temente a ru **cannite**

Quessa **zappa** vale
pe quella **meza sola**

La **preta** che s'allucera
non fà musc'ca.

Si ha ru **caule**,
non ha ru **cappucce**.

Non te fidà **d'arbre** che penne (te pò cadì ncoglie),

Né a donna che fà la pietosa.
Da nante te fà le faccie chiare,
Addrete t'attonna ru caruse.

Ru **vrocle**
è figlie de **foglia**.

Prevera e **presotta**,
sempe ru fessa và pe sotte.

Allonga **via** e torna a casta.
Piano, piano.

La **rosa**, si la mitte sott'a ru nase, addora.
Si la mitte luntane, nonn'addora.

Non ce lassa
no cima, no **funne** (fronna).

Pe Capì

Pe **magnà**,
tea **faticà**.

Ce vò ru **dulore**
pe chiagne.

A ogne **ricce**,
nu capricce.
(Quante una tè ri capiglie ricce.)

Ogne **sparagne**
è nu grande uadagne.

Qui dà la **robba** a une prima de la morte,
ncape se la merita na sagliocca.

No ride sempe de la mugliere de ru ladre.
(Arriva quande la gente rite ncoppa a ri **uaje** toje.)

Male e Bene

Si vó **male** a gliavete,
le toie stà derete a la porta.

Fà **bene** e scorda;
fà **male** e pensa.

Male non fà,
paura n'avé.

Nó vulé **male** a gliate.
Le toie stà derete a la porta.

Nisciune **bene**
è senza fine. (S'accarezza pe mutive.)

Pe piglià nu **male** nome è facile.
Pe piglià nu **bone** nome è difficile.

Sotte a nu **bone** maestre,
c'esce nu **bone** discepule.

La **bontà** fine a la morte.
La **bellezza** fine a la porta.

La **morte** non porta l'età.
La morte daglie a turne.

Non tea fà rosse
de ri meie **dolori**.
Quante ri meie só vecchie,
ri toie só nove.

Dice ru **moneche**,
"Quante trove na cumbinazione,
pigliatella. Si no, è nu puccate."

Magnate

Bun tempe e **pane**, non te sfastideje maje.
Acqua e **parrozze**, te sfastideje che na jurnata.

Si non t'abbutte che la **saraga**,
nemméne che la spiga.

Ereva coglie-coglie
Mittece sale e oglie

Vestute

Veste cippone
ca pare barone

Come va **vestute**
si trattate

Si no stà bone **vestute**,
non po fà bella figura.

E In Più ...

La troppa **pulizia**
manna la robba via.

L'ire de la **sera**
ripunnela pe la **matina**

Tante hajj'avé
Tante hajj'adà

Hajja sigge
pe pajà

Core **cuntente**
e vesaccia ncoglie (spenserate)

La **strada** de Roma stà fatta a barchetta
Nó laria, no stretta, ce se pò viaggià

L'aria de **Supine** è bella e fina
Viate chi ce tè la nnammurata
E belle e chi ru vò lassà

Lascia ogne facenda
E **curre** a la donna parturente

Merche e mitte ncòre
Quande è tempe le cacce fòre

pe une **peccatore**
penitenza maggiore

Tu fà

e tu sfà

Cummanna
e fattelle tu.

Non serve a **lacrimà**,
capprima ciaviva pensà.

Quante duie se vonne,
cente nce ponne.

Quant'una è maritata,
éscene tutte ri 'nnamurate.

L'amore se cumincia che nu **lacce**,
e da nu lacce devènta **catena**.
L'amore se cumincia che sone e cante,
e se fenisce che uaie e tremente.

Che duie **litigante**,
ru terze gode.

Si tutte ri **curnute** tenissene nu lampione,
dicene salve che'lluminazione!

Ome avvisate
è meze salvate.

Come va **vistute**
si trattate.

Prime **Natale**, no fridde, no fama.
Dope Natale, fridde e fama.

Quante ne morene d'innucente
Pe le brutte **parlà** de la gente (che fanne la gente)

Non pozze ì a la messa ca só **cioppe**;
ma, a la cantina, ce vaiie chiane, chiane.

Piccule
e male cavate.

Carcera fatta a lammia e senza trave,
Viate chi da dente ce se trova.
Ce se trovene tutte gliommene brave.
Pe trasì se trovene le chiave.
Pe scì ce vonne le chiave nove.

Cuntente tu,
cuntente tutte.

No iesse tante **doce** ca ognune tee.
No iesse tante **amare** ca ognune te sputa.

Ru **meteche** pietose
fà la piaga vermenosa.

Tante haii'avé,
Tante haiia dà.
Haiia sigge pe paià.
Core cuntente e vesaccia ncoglie.

Muglierema a le frische e i a ru sole.
Vedeme chi uadagna chiù denare!

M'ha ditte le **male parole**.
I le marche e me le mette ncore.
Quante è tempe le cacce fore.
Quanta me ne fà me stenghe zitte.
Verrà nu iurne che te sconte tutte.

Ti puzze squaglià
com'a la **neve** de marze!

Fà nu poche ru **furbe**,
Ca **gnurante** ce si abbastanza.

Bella a vista,
Na sittimana avasta.

Tutte pò esse
ma senza interesse. (si cazze non cianna esse)

Ognune va cudenne ru mpise;
ma, **nisciune** nanza a la casa soia.

Stutata la cannela,
tante è la **ianca**
e tante è la **nera**.

Piglia ri solde che ru **cistre**
e ri ietta che la **coscena**

Lascia ogne facente
E curre a la donna parturente!

L'abba ncappa,
L'asteme non coglie.
[Non te fà meraviglia!]

Pe une **peccattore**
Penitenza maggiore.

Quante stà **malate**,
S'accocchione Tammare, Tappone, e Sarracine.
(Te venne tutte le malattije.)

Quante stà **malate**
Ogné pile è nu treave (tutte le cose mpiccene)

Nisciune dice,
"Lavete la faccia ca si chiù belle de mé!"

4. CANSUNE/CANZUNCINE

Madonna de Munte Vergene
(Quante se và a la Madonna de Munte Vergene.)

Voie Madonna mia
allumeme la mente.
Per forza de questa gente
Me vonne sentì cantà.
C'era nu giuvinotte
Ch'era assai devote
Ogn'anne ce iva na vota
A la Madonna a visità
Ce iva pe la via
Senza na pricunaria
E sempe a Maria pregà
Ce iva pe la strada
E truatte une ammazzate.
Tante ri fece pietà
S'è misse a lacrimà
Da longhe l'hanne viste
Pe suspette l'hanne pigliate
Dudece testimonie
Tutte contra ri vanne
Pe forza vonne giurà
Ca isse r'era ammazzate
Ru facinne attaccà
Dope de quarant'ott'ore
La causa è stata chiamata
A morte l'hanne cundannate
La causa sua dirò
Voie Madonna mia.
Pe té facce stà morte

Ì spere ancora la sorte
De l'anima mia salvà
Dope de un'ora
Na lettera da ru ciele è calata
Steva scritte che lettere d'ore
Ma che piante vuleme fà
Ru giudece la liggeva
La rota tutta piangeva
Ru giovane è innocente
Che devezione tenive
La Vergene Maria
N'avute de té pietà
Ru giovane s'è miss'incammine
Se ne và dal papa sante
Tre giorne campà e murì.

La Canzone A La Diversa

Sacce na canzone a la diversa
A la deritta no la so cantare
Nu giorne m'hann'invitate a coglie pere
Cinque s'avame de la cumpagnia
Ru surde ru mettemme adduserà
Ru ceche ru mettemme a fà la spia
Quiglie senza vracce le cuglieva
Quiglie che steva nude le metteva nzine
Arriva ru patrone de le pera
Quiglie senza cosse come fuiiva!

Sema a tre: Cricche, Crocche, e Manica D'Ancine.

Ciggilia

Ciggilia eva troppe bella, eva bella assaje, eva na bella uagliola. Allora, ru capitane-ré la uleva. Jessa no ru uletta pecché eva anziane. Eva troppe anziane a mparé a jessa. Teneva ru tempe de ru patre soje. E se pigliatte nu tenente. Peppine se chiamava.

Allora, ru capitane-ré, pe gelusia, ru fece mette dente. Mettette na cosa nante ch'eva fatte. Ca r'avevena mpiccà. Allora, Ciggilia jiva sempe da ru capitane. "Signore capitane! Cacciateme a mio marito!"

Allora, jette une e jette cata jessa e disse ca ru mannava ru capitane. "Ciggilia, la radeje è fatte a té. Tu t'ha ji a durmì na notte che ru capitane-ré." Si se jiva a durmì che ru capitane-ré, allora cacciavene ru marite. No r'accedevene."

Quella jette da ru maritte. Dicette, "Peppineglie, mije belle, la radeje é fatte a té. I m'haja ji a durmi na notte che ru capitane-ré."

Fece ru marite, "Ciggilia mia, non abbadà a l'onore! Salveme la vita a mé!" ru marite ce la uleva fà ji, sinnó l'accedevene.

Jette da ru capitane-ré. "Signore capitane, apparicchiate nu littine. Che duje lenzora fine ce uleme repusà."

Quante arriva la mezzanotte, Ciggilia suspirava. "Ciggilia mia, che hai?"

"Nu forte male de testa. No mpozze repusà!"

Arriva le duj'ora, Ciggilia ncoppa a ru balcone, vedette a suo marito. Ru purtavene a fucilà. "Signore capitano, me s'ingannate! A me m'ha luate l'onore[a quiglie tempe!] e, a mio marito, la vita."

Ciggilia mia, no te dubbità! Princepe e barune só tutte marite a té!"

"I no voglie no princepe, no barune. Nemmene a té. Uleva a mio marito che tante m'amava a mé.

45

Donna

Al volto d'angelo …
Ci hai un core …
Tu te credive donna immortale
Pe testimoneja chiamaste a Dije

Verrà un giorno che pianceraje
Quante te sente chiamà 'Civetta!'
Sarai una donna la più perfetta
Al mondo mio non và [ca isse no se la pigliava]

Farfallina

Farfallina bella e Bianca
Vola, vola e maje se stance
Gira da quà, gira da là
La farfallina non và mpuntà

Formiggina
(da zia Raffaela e zia Filumena)

Formiggina, gentil pastorella
L'amor faceva che Tite
Quant'è state na brutta matina
L'amante ra ditte accusì
Formiggina, non posse sposarti
No pe te ma pe quiste mio cuore
Trova pure un'altro amatore

Ì n'ata donna deve sposare

Formiggina che piante rispose
Tu le sa che incinta ì sone
Se mi lasce così in abbandone

La vedrai che te la faccio pagar

Tite va via che le rise sull'abbra
Non curante le triste minaccie
La bella Maria s'affaccia
La Maria che vuole sposà
O Maria, tu bene già sai
Che domenica sposi saremo

Eppoi ciabbracceremo

Nessune dire ci potrà.

Formiggina di corsa a la casa
Con gran fretta se mette a cucire
Una monaca vuole apparire
Nu belle vestite si fà
La mattina appena sua alba
Si veste e subito và via
Tutte dicene chi quella sia
Lentamente a la chiesa se ne va
Ri sposi erano andate aglialtare
Quante ru prete ri dice
Questa coppia e sempe felice

E sempe unite ne só

Salta fore na gentil monachella
Impugnant'una rivoltella
A l'amante ra ditte accusì
Non è gioia pe te stà festa
È sule na festa de sangue
Non pense chi soffre e chi langue

Trascinate dal dissonore

Tite dà nu gride sull'albe

47

Fece spavente a amice e parente
Che purtava la bella Maria
Tutta bianca era vestita
Maria come pazza ne và
Formiggina si specchia le veste
Va a la caserma dei carabbinieri
Tutta triste e tremante
Ho ammazzato a mio amante
Nu giorne m'ha tradito d'amore
Sone pronta pe parturire
Quiste figlie non è del peccato

È state n'amore sbagliate
Formiggina a la cella è portata
Tutti I giorni a piange stava
Se pentiva ca l'era ammazzate
E sempe a Tite pensava.

L'amore Vicine

Quant'è bella l'amore vicine
Si no la vide, la sente parlà
La sente quante chiama le calline
Cutù, cutelle mie, venite a mangià
Mamma, mamma, conta le calline
Ca ce manca ru meglie capone
Ru capurale de ru battaglione.

La canzone de Giuannenicola Rucce

Cosa bella si ce spusame
Non ce vo nu lette de sposa

'Ncoppa l'ereva addurosa
Come è belle a stà che té

Ma come so belle st'occhie
Me parene duie stelle
Sò come a duie spadelle
Me pugnene ru core

Occhie birbante
Occhie assassine
Tu ma lassate
Dimme pecché!

Ma quante si fatta ianca
Me pare 'na ricotta
Te chiavarria na botta
A dó piace a me

Ma quante si fatta roscia
Roscia come 'na cerasa
Te chiavarria nu bace
A dó piace a me.

La canzone de Matilda Merla

Ci'aveva na chitarra
Era molt'accurdata
Ru professore Del Sanio
Me la fatta rovinà.

Colombrellì, colombrellà,
È scassata la chitarra
Non poteme chiù sonà.

Stà matina ajje avute
Quinice masciate

Chi m'ancappa,
Chi me stringe,
Chi me bacia.

Ma quante si bella!
Ma gli'occhie meie
Me fà murì.

Nu mazzolin de fiore

Nu mazzolin de fiore
Che vien da la montagna
Vada ben che non si bagna
Lo voglio regalà
Stasera è sabbte a sera
Non è venute a me
È andate da Rusina
Perché so poverina
Mi fà piange e sospirà
Queste è nu fiore
Te manda l'amore
Se ru ricevete
Che risposta vi manderete?
D'abbrie ru strenghe d'amore
Come a chi fosse mio proprio amore
I rimande nu falzolettine
Vado a la fonte e ru vaje a lavà
Ogne battuta nu bacie d'amore

Nu Uappotta

È nate nu uappotta (une sport/sproleche)
Da uappotta s'è crisciute
Èrrivate a quindici'anne
Ru cappelle all'ariulà
Amore mio, che m'ha fatte fà?
De quindici'anne m'ha fatte mpazzì
T'hai date la parola e te la tenghe
La morte ce pò venì ca non te cagne!

T'ha misse capelle a tubetta!
E pare ca ncape ce porte cumò!

La Préghiéra de ri Morte

La vita è brève, la mòrte è cèrta
Pe murì l'óra è incèrta
L'anima sóla chè farà
Ma si ce pèrde ché sarà?
Si pèrde il tempo a avé nu uaie
Da la mòrte non avrai
Die te véde, Die te sènte
E Die te giudichérà
O paradise o l'inverne attóchérà
Fenisce tutte finisce prèste
L'étérnità non fenisce mai
Anime é biate
A quiste munne ciavéte state
Céte state còme a nuie
Nuie avema èsse còme a vuie
Vuie priate a Die pe nuie
Nuie priame a Die pe vuie
Rèquie é repòse, amice e nemice

51

Requia e riposa pure a ri dei miei cari
Rèquie é ripòse a quéll'anima

PREGHIERE

Santa Maria

Maria picculina
Iva cantanne pe la via
Chi la vede e chi la sente
Mparadise la rappresenta
Mparadise è ne belle cose
A l'inferne la mala gente
Chi ce va se ne pente
Non serve chiù a pentì
Ca s'intrate e non pò scì
Non serve a lacrimà
Da prima ciaviva pensà

Ru notte de Natale
Chi r'adora bene fà
Bene fà a Sante Luestre
Che purtava nu libbre mbette
Ru purtava larie e stritte
Ce liggeva Gesù Criste
Gesù Criste piccule e grande
Fece la morte a trenta tre anne
A trenta tre anne fu ancappate
A quella croce fu nchiuate
Quella croce chiamava la gente
Curre Gianne sue parente
Chiama Maria si vò venì
Ca ru figlie stà pe murì

Sonene, sonene le campanelle
Subite escene le vergenelle
Vergenelle, che iate facenne?
Iame cuglienne rose e fiure
Ce truame na criatura
Chi ri deva na mazzata
Chi ri deva na scaffiggiate
Quelle sanghe che ri sciva
Dente nu calce d'ore ne ne iva
Quelle sanghe de tant'addore
Gesù Criste è nostro Signore

Madonna du ru Carmene

A nuie ce dona la bunanza
De razia a nuie ce porta mparadise
Mparadise stà longhe e raperte
Stà chiene de razia e de cumforte
Sopra ru ciele ce cante che n'affette
Ce porta mparadise, salvece porta
Salvece porta che giuste camine
La madre de Die è nostra padrona
Quella che tanta razia a nuie ce dona
Campe se rosa e stella matudina
Cente destine e calze de luna
Come ru mercrudì n'hai camparate
La Madonna de ru Carmene hai uardate

Il primo abbitatore fu Sant'Uline
Il seconde fu San Clemente
Queste le diche a vuie bona gente
No iate senza labbra de Maria
Si v'affronta la tentazione

Tutte ne trema quante vede a voie
Care Gesù, te cerche licenza
Pe nu bace de Maria
Sia ludate ru Sante Sacramente
Viva Maria de ru Carmene

La Razione de Santa Filumena

Santa Filumena
Ru mperatore la vede
Da luntane l'ammirava
Ma poi se n'innammurava
Vedente la sua bellezza
Diceva tra se stesse
Ma che felicità
Filumena no ulette accettà
A ru mperatore ringrazià
Ru mperatore s'arrabbia
Da distante l'ammirava
Ma poi se n'innammurava
Ma n'ata cosa v'appensà
Che l'avissene pigliata
Che l'avissene iettata
Enta ru mare che na preta attaccata nganna
Filumena benedetta
Chiù bella v'apparì
Ru mperatore la vede
Da distante l'ammirava
Ma poi se n'innammorate
Vedente la sual bellezza
Pensava da isse stesse
N'ata cosa aveva fà
L'avisse pigliata
L'avisse menata denta na furnace ardente

Filumena benedetta
Chiù bella v'apparì
Ru mperatore la vede
E da distante l'ammirrava
Ma poi s'innammurava
Ru mperatore s'arrabbia
Che l'avissene pigliata
L'avissene tagliata la testa
Mezza a la città
Filumena benedetta
Chiù bella v'apparì
Ru mperatore la vede
E da distante l'ammirrava
Ma poi s'innammurava
N'ata cosa v'appensà
La fà mette a le cancella
Filumena benedetta
E sempe a piange stà
Giorne trenta sette
La Madonna ri cumparette
E ri fece queste parlà:
Allegra, figlia mia,
Statte custante e forte
Ca le celeste porte
A te stann'aspettà
Ru mperatore castiga
E hanne lasciate
in mezze a una città
(La cantene quante vanne a Pumpei. Stanne ri mistere
atturne, atturne, atturne. E une te spiega tutte, tutte ri
mistere. Tutte quelle che r'hanne fatte.)

Ru cacciatore che caccia

Ru cacciatore che caccia
trova la condatinella.
S'è misse a fà l'amore.
La condatinella s'addormentà
Ru cacciatore prega l'uccelline
che non cantassene
ca la condatinella se pó sveglià.

Santa Catarina
(Za Betta me la mparatte.)

Catarina, a chiesa iva
Manche l'acqua santa se pigliava
Sule a ru cavaliere scuardava
Ce steva nu cunfessore che cunfessava
Cunfessore, cunfessa, cunfessa!
Ma quiste puccate no me ra dumandà
So trentatre anne ch'ho fatte l'apera [la zocchela]
Ru cunfessore se vota a Maria,
Mamma Maria, c'è una donna
Che tanto mi ha offese
A me all'inferne e iessa Mparadise
La Madonna se vota mbaccia a suo figlie,
Figlie, mittete na crona de spina
Va a trovà quell'incrata Catarina
Mamma, vaccie tu che si na santa.
Ì só nu Criste Maculate.
A me quell'incrata Catarina non me crede
Figlie, vacce! Mó te mpare ru secrete
Pe sotte le finestre de Catarina ha spasseggià
Secret'amore te facce chiamà
Ah, su cavaliere miie come luce

56

Chiaveme Nu Bace Che Sa Vocca Doce

Tu, Catarina, parle e statte da rasse
Ca tu puzze de puccate murtale
Su cavaliere miie, che dice?
Ì nasche da sanghe gentile[nobile]
Ru cavaliere miie, ch'havema fà
Sale sopra a mangià
Tutta quella robba che Catarina cacciava
Tutta de sanghe steva nsaguinata
Ru cavaliere miie, ch'havema fà
Iamecenne a dorme, a ripusà
Là fece botta, non premata Criste
Si ponne ì a lette com'a nu crucifisse
Allora, Catarina, venne in sé
Ah, chi è venute in casa mia!
Quisse sarra nu vere Terreneindie
Sante Duminiche la cunfessà
Gesù Criste la cumenicà
Catarina se liberà

Santa Ruselina
(Za Betta memmparatte quesse.)

Ruselina, ncoppa ru monte
Ru Demonie la tentava
Ri faceva le belle pompe
Pe tentà la Ruselina
Da cavaliere r'è cumparse
R'eva ditte, Bella donna,
Si venute a conquistà?
Ecche nu gran cavalleria
Te cunsiglie sciuteme a me

57

Ì marite se Ruselina
Ì stenghe maritata
Commie Redentore
Stenghe spusata
Che Criste Salvatore
Ma quanta torte che te faciste
Ri capiglie te ri tagliaste!
Campia loche e cambia strada
Vatt'a ietta pe disperate
Ma, ì si sapeva non ce veniva
Ca tu si Santa Ruselina
Ru Demonie che teche
Non ce pozza cuntrattà
Campia loche e cambia loche
Vatt'a ietta dent'a ru foche
(E se ne iette ru Demonie. Avette paura.)

Quante Se Va A Lette

A lette, a lette ce n'andiame
Quatte sante ci truvame
Duie da pete e duie da cape
Gesù Criste a ru nostre late.
E paura nonnavete! ha dette Gesù
No di notte, no di giorne
Fin'a ru punte de la morte.

(Ha esse fidele che Gesù.)

Tragedia d'amore

A la città de Roma

C'era na famiglia
Ri genitori contra ru figlie
Era na pena di bontà
Una de questa figlia
Giuliana se chiamava
Stù ragazze l'amava
Nascoste de ri genitori
Figlie mio, me dà nu dissonore
Te si misse a fà l'amore
Che na ragazza che niente cià!
Mamma mia,
Te le giure davante a Dio
Giuliana m'haia spusà!
A ri cinque de gennaie
Da ru lette s'è alzate
Cinque ponte de pugnalate
A la mamma l'ha ammazzata

5. NCIARME

Maje Male, Maje Dulore

She (Cristina) held her first grandchild (Nella) in her arms for
the first time and, before handing her over to her mother
(Ilda), she said these words:

No puzze avé mai male, ca non te so viste mai.
No puzze avé mai dulore, ca non te so viste ancore.
(May you never suffer because I never saw you.
May you never have pain because I did not see you yet.)

Very likely, these same words were said to her when she was
born.

Ru Malócchie

T'ammólle ru ditóne che la saliva é, facènne sèmpe la cróce
'nfrónta, téa dice:

Duj'occhje t'hanne ammirrate.
Duje sante t'hanne uardate.
Occhje triste, non passà chiù 'nante.
Nòme dél Padre, dél Figlióle é de ru Spirute Sante. (Tré vòte
ha fà accusì.)

É, pe fenì, t'ammólle ru ditóne che la saliva é fà la cróce a la
parte de dénte de ru puze a tutte-é-duje le vraccia.

Ri Vérme

61

T'ammólle ru ditóne che la saliva é, facènne sèmpe la cróce 'ncòppa a ru muglicure de la trippa, téa dice:
Caca busse, paglia de granine, còcce de pésce, sénza rignóne.
T'ha magnate ri sòje discépule, Nòstre Signóre Gésù Criste.
(Tré vòte ha fà accusì.)
T'ammólle ru ditóne che la saliva é, facènne sèmpe la cróce 'ncanna, téa dice:
Lunedì Sante, Martedì Sante, Mercrudì Sante, Giuvedì Sante, Vennerdì Sante, Sabete Sante.
Duméneca é Pasqua. Tutte ri vérme caschene a basce. (Tré vòte ha fà accusì.)
É, pe fenì, t'ammólle ru ditóne che la saliva é fà la cróce a la parte de dénte de ru puze a tutte-é-duje le vraccia.

La Resibla

Facènne sèmpe la cróce che nu pézze d'argènte 'ncòppa a la resibla, téa dice:
Resibla 'nciarmata,
Nu pézze d'argènte t'hai arrestate,
A nòme de la Vérgine Maria,
Resibla, dulóre se ne va via.
'Nciéle salème. È nate nu gigle.
È bèlla la mamma ma è chiù bèlle ru figlie.
Ce stà nu bón ladróne
Sana male de vèntre é dólóre

La Santissima Trinità. La Vérgine Maria.

Risibla, dulóre se ne và via. (Ha fà accusì diéce vòte.)
É, pe fenì, t'ammólle ru ditóne che la saliva é fà la cróce a la parte de dénte de ru puze a tutte-é-duje le vraccia.

62

Ru Nchiarme de gl'Iocchie

Squaglia vena e squaglia pedata
Squaglia vena nsanguenentata
Tre lummiccura m'hai magnate(Te téa esse magnate tre
lummiccura prima de esse battezzate.)
Prime de esse battezzate
(E sciateja dent'a gl'iocchie.) [Breathe warm air into the
eye.]
(Ha fà accusì tre vòte.)

Fuiie, fuiie pedatella
M'hai magnate tre lummiccurelle
Quant'eia paianella(prima de battezzà)
(E sciosce dent'a gl'iocchie.) [Blow cool air into the eye.]
(Ha fà accusì tre vòte.)

Ru nciarme de ri spettenicchiune

Se leva la scorza de ru salemente
e s'abbrucia la punta in modo ché tegne.
Quando è raffreddate, se passa tre vote
sotte la gola da recchia a recchia
e ogne vota se dice:

Fujje, fujje spettenicchiune!
Ca te secuta nigrofume!

Dope, che ru salemente stesse,
se scrive ru **PRENOME E COGNOME**
de quiglie che tè ri spettenicchiune.
E, pe fenì, se fà la **CROCE** juste mmeze.

Se té ha fà accusì pe tre jurne.

6. CUCINATE

Ru Suche Pe Ri Maccarune

Ru suche se fà accusì:

Rape quatte scatuletta de pummadore Vitale. La mine dent'a nu recipiente e la passe che na mane, che na mane pulita, bella, bella. Pe vedé si ce stà caccosa. Si ce stà na pummadora sfraceta, tu la leve.

Dope, la piglie e la passe che ru passa-pummadore.

Dope la mitte denta na tiella pe volle. Ce mine duie date(Knorr, beef), na cepolla, na tazza d'oglie, la savesicchia, nu poche de presutte, e l'ha fà volle. L'ha fà volle n'ora, n'ora e meza.

La savesicchia fresca. Haie pigliate l'acqua, l'haie prima lavate. Haiie misse l'acqua a volle. R'haie fatte dà duie, tre ulle dente l'acqua. L'haie messa dente ru piatte e l'haie tritelata. E, dope, l'haie menata denta a ru suche. Invece de la fà friie dente l'oglie, l'haiie fatta volle dente l'acqua. C'è sciute tutte quella cosa, quella cosa de la savesicchia. Dope l'haiie calata denta ru suche.

Esse come se fà ru suche. Ì accusì ru facce.

Ru sughe pe ri spaghetta

65

1. Duje scatuletta de pummadore Vitale:
    a. facenne attenzione ca non ce stà na pummadora uasta
    b. appena che nu poche d'acqua pe lavà la scatuletta
    c. passate che ru sutacce pe non ce fà jì le luina e ru scorce de la pummadora
2. Meza tazza d'oglie d'aulive
3. Nu cucchiare de zucchere
4. Nu date de vitelle Knorr(a ru poste de le sale)
5. Na cepolla: sana
6. Duje spighe d'aglie: sane
7. Nu pezze de presutte: tritelate
8. Na savesicchia secca: scurciata e tritelata

Se fà volle chiane, chiane(a numere 3). Quante è pronte, se canosce. Esce l'oglie ncoppa.

La pasta

La pasta pe ri maccarune e la pasta pe la pizza.

Ci'ha mette l'acqua, duie, tre bicchiere d'acqua, seconde quanta pizza fà. Pure duie bicchiere rosse d'acqua.

Dope ce mitte nu bicchiere d'oglie.

Ru levete, na bustina, sempe una.

E nu pare de cucchiareglie de sale. Si só poche une cucchiareglie de sale. Dipende quanta só.

La pasta pe ri cavateglie, quella ch'haie fatte ogge. Ci'haie misse diec'ova, otte patane. Hai scevete le patane, l'haie tagliate, l'ahie lavate, l'haie messe a coce. Dope l'hai passate dent'a ru passatutte. Haie sbattute l'ova, misse nu cucchiare

66

de sale, e hai misse nu bicchiere d'oglie rosse, e nu bicchiere de latte. Quelle ci'haie misse. E quelle haie ammassate. Ci'ahie fatte diece lacanelle pe le mette dent'a ru frize.

Pe fà le pizze la pasta la tea metta a cresce. Senza cresce non è bona. Pe ri cavateglie nó. Ri maccarune neanche. Pe fà la pizza ci'ha mette ru levete. Quante fà la pizza, l'ammasse, la mitte a cresce. Dope crisciute, la sc'canà, la gire, la fà stà na mez'ora. Dope, la tire, la tire stesse che le mane, la mitte dent'a ru rote, la fà cresce dent'a ru rote, o ció mette la pummadora, o ció mette caccosa ncoppa. Ma, la fà cresce prima nu poche dent'a ru rote. È chiù meglie accusì. La paste pe la pizza dent'a ru frize n'è bone. No, no, no.

Pe fà la pizza che la ricotta, quella se fà senza cresce.

Ri maccarune

Come coce ri maccarune:

Mitte l'acqua a bolle, l'acqua che ce vó, denta na tiella, seconde quanta na coce.

L'acqua ha ascì a bolle. Quante quella volle. Ri maccarune r'ancappe accusì, 'mmane, e ri cale dente.

Quante doppe, ru piglie, si è cotte, se canosce.

Quante so cotte, ri leve e ce mine ru suche, r'aggire, e te ri magne.

Mettevene prima de volle l'acqua, gli'americane e ri francese. Venne na pelenta. Non so bone. Ha volle l'acqua prima de ce menà la pasta dente, che pasta sia, sia.

E quante facce ri fasciore or pasta e cice, ri mette dente
l'acqua. Ri cice, ri sceglie, ri torna a lavà, e dope ri mene
dente l'acqua, l'acqua de ri maccarune. Dope esce a bolle
l'acqua e mene ri maccarune, e ce mitte nu poche de sale,
quelle che ce vó. È meglie nu poche e no assaie. Quante è
poche, prove l'acqua, si l'acqua non è bona de sale, ce ne
mitte nate poche.

Ri fascore, ri lave trea, quatte vote, denta na tiella. Ra fà
pulite. E dope ri piglie e ri mette denta nu recipiente. Mai
senza lavà. No fasciore, no cice, no lummiccura, no pisiglie.
Mai senza lavà.

Ri cice, me piacene scivete, ì ri sceglie. Ce leve quiglie
scorce. Ri lave nata vota. Ce passe nu poche d'acqua. E ri
mene dent'a l'acqua de re maccarune.

Quante la pasta è cotta, la mitte a sculà dent'a ru scolapasta.
La mitte nata vota denta la tieluccia. Ce mine ru suche e
l'ammisc'che.

Qua sia, sia pasta, ì facce sempe accusì.

Ì prima faceva de nata manera a l'Italia. Come a mamma.
Pigliavame ri maccaruene che la furchetta e ri mettavame
piatte pe piatte, e ce menavame nu poche de furmagge e nu
poche de suche pe coppa, e venivene bone! Ma, ce vó nu
sacche de lavore. Cugnateme Raffaele me mparatte. "Mó ti
mpar'ì com'ha fà! A l'use de ri suldate. Ri scule, mitte
denta la tiella nata vota, dope ce mine ru suche e
r'ammisc'che. Tutte quante ammisc'cate, a unite. E, dope, ri
mitte dente a ri piatte. È poche fatica!" Accusì ri fà tutte che
na vota.

Pe ogne cosa

è chiù la prattica
che la scola.

Ce vó la prattica pe fà le cose.

La pizza che la ricotta

Pe fà la pasta: quatt'ova, nu bicchiere de latte, nu bicchiere
d'oglie, e nu bicchiere d'acqua.

Si la pasta preparata steva dent'a ru frise, la cacce la sera
prima.

La matina prepara la quelle che ce và: la ricotta, la ieta or ru
vrocchele, quatt'ova, ru furmagge Romane, e mbaste.

Si non ce mitte la ieta, la pizza è troppe strubbosa. Asselute
che ricotta, furmagge e ova non è bone. È meglie che la
verdura. Che verdura iè è, è bone.

Che ru furmagge no serve sale.

La ieta frisata è meglie che la cacce la sera. La mitte dent'a
nu recipiente. Se n'esche tutte quell'acqua. Dope, mitte
l'acqua a bolle e ce la mine dente. La cacce. La mitte sotte a
l'acqua fredda, si nò vè de frise. E, dope, la taglie nu poche
che la forbece.

69

www.ingramcontent.com/pod-product-compliance
Lightning Source LLC
Chambersburg PA
CBHW060631280326
41933CB00029B/3018